03

D1535290

Planète rebelle

Fondée en 1997 par André Lemelin,
dirigée par Marie-Fleurette Beaudoin depuis 2002
7537, rue Saint-Denis, Montréal (Québec) H2R 2E7 CANADA
Téléphone : 514. 278-7375 – Télécopieur : 514. 286-0058
Adresse électronique : info@planeterebelle.qc.ca
www.planeterebelle.qc.ca

Recherche photographique : Danielle Hébert
Première lectrice : Claudine Vachon
Révision : Janou Gagnon
Correction d'épreuves : Diane Trudeau
Conception graphique : Jean Corbeil
Infographie : Marie-Eve Nadeau
Numérisation : Photosynthèse
Impression : Transcontinental Métrolitho

Les éditions Planète rebelle remercient le Conseil des Arts du Canada de l'aide accordée à leur programme de publication, ainsi que la Société de développement des entreprises culturelles du Québec (SODEC) et le « Gouvernement du Québec – Programme de crédit d'impôt pour l'édition de livres – Gestion SODEC ». Planète rebelle remercie également le ministère du Patrimoine canadien du soutien financier octroyé dans le cadre de son « Programme d'aide au développement de l'industrie de l'édition (PADIÉ) ».

Distribution en librairie :
Diffusion Prologue, 1650, boul. Lionel-Bertrand
Boisbriand (Québec) J7H 1N7 CANADA
Téléphone : 450. 434-0306 – Télécopieur : 450. 434-2627
www.prologue.ca

Distribution en France :
DNM – Distribution du Nouveau Monde, 30, rue Gay-Lussac, 75005 Paris
Téléphone : 01 43 54 49 02 – Télécopieur : 01 43 54 39 15
www.librairieduquebec.fr

Dépôt légal : 2ᵉ trimestre 2008
Bibliothèque et Archives nationales du Québec
Bibliothèque et Archives Canada
ISBN : 978-2-922528-79-4

Les temps qui courent

Vingt ans de paroles tenues

Collection «Paroles»

Parus dans la même collection

Montréal démasquée, Jean-Marc Massie, Montréal, Planète rebelle, 2007.

Parlures d'Acadie, collectif, Montréal, Planète rebelle, 2007.

Il faut tenter le diable!, collectif, Montréal, Planète rebelle, 2007.

Sur le chemin des contes, collectif, Montréal, Planète rebelle, 2006.

L'homme qui lisait dans les mamelons et autres contes de l'émotion, Ronald Larocque, Montréal, Planète rebelle, 2006.

Comme une odeur de muscles, Fred Pellerin, Montréal, Planète rebelle, 2005.

La Désilet s'est fait engrosser par un lièvre. Le temps des semailles, Renée Robitaille, Montréal, Planète rebelle, 2005.

La Grande Nuit du conte – Vol. 2, collectif, Montréal, Planète rebelle, 2004.

Jos Gallant et autres contes inventés de l'Abitibi, André Lemelin, Montréal, Planète rebelle, 2004.

Les contes des mille et une ères, Oro Anahory-Librowicz, Montréal, Planète rebelle, 2003.

Tant d'histoires autour des seins, collectif, Montréal, Planète rebelle, 2003.

Portraits en blues de travail, Jocelyn Bérubé, Montréal, Planète rebelle, 2003.

Les Dimanches du conte. Déjà 5 ans!, collectif, Les conteurs du Sergent recruteur, Montréal, Planète rebelle, 2003.

Il faut prendre le taureau par les contes!, Fred Pellerin, Montréal, Planète rebelle, 2003.

Raconte-moi que tu as vu l'Irlande, Mike Burns, Montréal, Planète rebelle, 2003.

Delirium tremens, Jean-Marc Massie, Montréal, Planète rebelle, 2002.

Le bonhomme La Misère, Denis Gadoury, Montréal, Planète rebelle, 2002.

Terre des pigeons, Éric Gauthier, Montréal, Planète rebelle, 2002.

Dans mon village, il y a belle Lurette…, Fred Pellerin, Montréal, Planète rebelle, 2001.

Contes coquins pour oreilles folichonnes, Renée Robitaille, Montréal, Planète rebelle, 2000.

Ma chasse-galerie, Marc Laberge, Montréal, Planète rebelle, 2000.

NATHALIE DEROME

Les temps qui courent

Vingt ans de paroles tenues

Planète rebelle

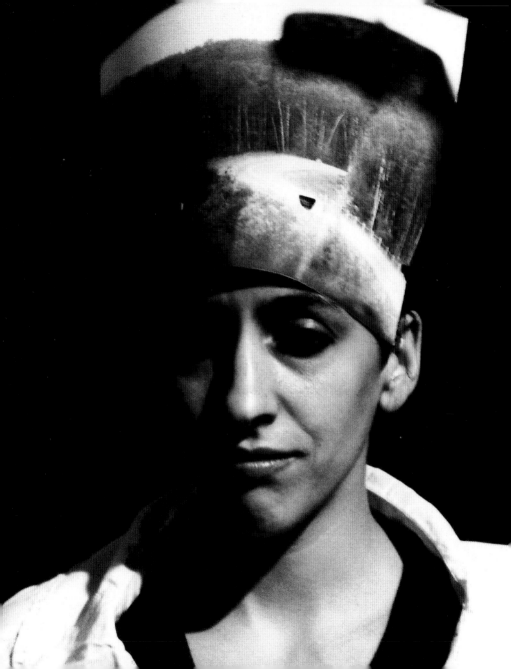

Préface

Parole tenue

Vingt ans de scène, autant d'années à risquer, à tenir le coup, à tenir parole. Toutes antennes déployées, écoutilles grandes ouvertes, Nathalie Derome a su maintenir une pensée divergente, à dynamiter avec ses mots la ratoureuse multitude des lieux communs.

À la fois singulière et plurielle, allumée contre le vent, la voix de Nathalie Derome raille, caresse la peau des dents, gémit, déraille, sourit ou tonitrue, mais sonne juste. Son regard fervent embrasse les choses en jouant de la distance; son désir animé d'une tendre colère embrase passionnément le cœur des choses, fraîcheur garantie. Qu'on leur donne un sens, les choses n'attendent que cela; l'esprit libre de Nathalie Derome les charge de sens jusqu'à ce que des étincelles jaillissent.

Poète pleine d'enfance, Nathalie Derome n'a jamais craint d'appréhender les questions sans réponse en jouant.

Entendue, sa parole est essentielle. Lus, ses mots valent bien mille images.

Solange Lévesque
Montréal, février 2008

À toi qui n'es peut-être ni juive,
ni handicapée, ni noire, ni analphabète,
ni pauvre,
mais qui as besoin d'une journée internationale
quand même

T'sé, y arrive un jour dans la vie où demain, c'est aujourd'hui.

LA PUDEUR
ET
L'EXUBÉRANCE

(en boucle)

**Move ton steak Boubou,
montre les dents !
On va avoir du fun !
On va avoir du fun !**

Cette légende navrante

(complainte)

Les gens ont transmis
cette légende navrante
Et même aujourd'hui
elle est connue parmi
les légendes les plus terrifiantes de notre époque
Une histoire inquiétante et cruelle
Une histoire pourtant bien réelle
Une histoire où la femme épuisée de
« Ma petite est comme l'eau »
est là, au centre de
cette pathétique époque
La femme n'avait que deux ans et elle parlait déjà
Elle en avait six et elle ne parlait déjà plus

Admission générale

Ma tante Te-te : « Voyons, fille ! Oussé qu'tu t'en vas avec ta vérité rose bonbon ? Ma tante, a va te l'expliquer... »

Nat : Ma tante. On l'appelait Te-te, nous autres. Ça, c'tait de l'engagée. Ma tante Te-te, a disait : « Dis-lé quessé tu veux dire, fille, parc' que quand tu le penseras pus, tu le diras pus. Dis-lé pendant qu'ça passe. Un jour, fille, tu seras pus su'a garantie, pis c'te jour-là, y restera p't-être pus des pièces de spare. Fait que dis-lé pendant que c'est l'temps, c'est-tu clair ? »

Était quequ'un, ma tante Te-te...

Ma tante Te-te : « Ma tante a va t'le dire, ma tante, a va t'l'expliquer. La vie, fille, c'est pas un film. Quand ben même que ta vie, y'aurait pas trop de scènes de violence dedans, pis pas trop de scènes de pornographie, quand ben même que ta vie a resterait admission générale, fille, la vie, ça durera toujours ben plus que deux heures et quart sans les annonces, hein ? Ben la vérité, fille, c'est le contraire : ça dure jamais plus que deux heures et quart sans les annonces. C'est-tu clair, ça ? »

Les grains de beauté

Je travaillais dans un laboratoire. Tu sais, chaque personne a
sur le corps un certain nombre de grains de beauté. Si on relie
les grains de beauté ensemble, ça fait des constellations, pis on peut
y lire la destinée de chacun. Bon, y'en a qui sont pas contents avec
leur destin ! Alors y viennent nous voir et on leur déplace un grain
de beauté, comme ça on peut changer leur destinée. Une fois,
y'a un gars qui vient pis qui me dit :
— Mademoiselle, Mademoiselle, arrangez-moi ça !
— Ben là, dites-moi ce que vous voulez changer, Monsieur ?
— Mademoiselle, Mademoiselle, j'vous fais confiance, arrangez-moi
ça comme vous voulez, j'le sais pus oussé que j'm'en va !
— Mais moi non plus, Monsieur.
— Mademoiselle, je vous en prie...
Ça fait que je l'ai regardé ben comme il faut, ben oui, t'sé, il faut faire
une certaine analyse... su' l'dos, su' l'ventre, ... pis je lui ai pris un
p'tit grain de beauté dans le dos et je le lui ai mis juste au bout du
nez. Fait que j'lui ai dit :
— Bon, si vous êtes encore perdu, vous allez le r'trouver votre destin.
Y'é là, juste au bout de vot' nez.

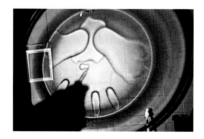

L'inconscient

Chaque personne a dans son corps un colon pis une colonne,
pis faut pas avoir honte de ça. On est fait comme ça. Jacques Lacan,
un grand psychanalyste français, y disait : « L'inconscient, c'est un
continent ! » Moi, j'aime tellement ça, traduire ça en québécois par :
« L'inconscient, c't incontinent ! L'inconscient, c't incontinent !... »

On peut pas / on peut pas

On peut pas / peut pas /
On peut pas / peut pas peut pas /

On peut pas / on peut pas /
on peut pas savoir /
on peut pas toutte savoir /
on peut pas voir /
on peut pas toutte voir /
on peut pas toutte toutte se voir /

On peut pas / peut pas /
On peut pas / peut pas peut pas /

On peut pas / on peut pas /
on peut pas s'voir /
on peut pas tout l'temps s'voir /
on veut rien voir /
on veut rien savoir /
on veut rien savoir de s'voir /

On peut pas / peut pas /
On peut pas / peut pas peut pas /

On peut pas / on peut pas /
on peut décevoir /
on veut pas toutte savoir /
on peut pas s'crère /
on peut pas toutte crère /
on peut pas tous voter vert

La diplomatie

La diplomatie s'active
pour désamorcer la crise
Le temps est compté
Les entrefilets donnent froid dans l'dos
Les nouvelles sont tristes à la radio
Et plus que préoccupés
à plusieurs centaines de milliers
on prend des grandes marches de santé
La colère embrasse l'impuissance
On appelle ça l'humanité
L'humanité

Pis pendant c'temps-là
pis pas juste dans les brancards
ça urge pis ça rue pis ça pue, wo!

Oussé qu'y'é
lé eux, lé eux, lé y'ont y'eux
lé y'eux, lé eux, lé y'ont y'ont
lé y'eux, lé y'ont, lé y'eux

Oussé qu'y étaient eux
lé eux, lé y'ont, lé y'eux y'eux
lé y'eux, lé y'ont, lé y'eux y'ont
lé y'eux, lé y'ont, lé y'eux

Oussé qu'y vont y'ont
lé y'ont, lé y'ont, lé y'ont y'ont
lé y'ont, lé y'ont, ceusse qu'y'ont

Ceux qui sont, ceux qui sont
ceux qui sont du bord des décisions
Pendant qu'lé y'ont, y'ont les ongles longs
y'ont d'l'ambition, y'ont pas de façons
Et qu'lé y'eux y'eux à queue leu leu
essaient de lire entre leurs deux yeux
Lé y'ont qui s'font des réunions
y rendent lé y'eux y'eux... anxieux

Les politiciens

Y arrive un jour où les chefs d'entreprises pis les politiciens qui gouvernent ton pays, y ont à peu près ton âge. Du jour au lendemain, y sont pus des personnages abstraits et lointains, des mononcles pis des matantes. En fait, tu t'rends compte que mononcle pis matante, y auraient pu aller à la même école primaire que toi. En fait, y auraient pu être dans ta classe. Tu te surprends alors à les regarder patauger aux nouvelles de six heures, en te demandant : y étaient-tu assis en avant ou ben en arrière de moi ? C'étaient-tu des bols ou ben des poches ? Lui, y était-tu bon en maths ? Pis elle, était-tu bonne en arts plastiques ? Pis lui, en gymnastique ?

J'me souviens d'un gars, dans ma classe en quatrième année, qui disait qu'y voulait devenir chirurgien plus tard parce qu'y voulait conduire une Camaro. Chaque fois que j'ai l'occasion d'aller dans un hôpital, ben r'marquez que j'y vais pas si souvent que ça, mais chaque fois j'ai peur de le rencontrer. (*Voix d'intercom*) « Le docteur Prescott est demandé au bloc opératoire salle n° 23-86. Le docteur Prescott... » J'me dis que ça s'peut pas.

Ben oui, ça s'peut !

T'sé, notre premier ministre, c'est peut-être lui, le gars, t'en souviens-tu, le gars qui avait oublié son fudgicle dans ses poches après la récréation, pis qu'ça coulait à côté d'sa chaise ? J'le sais, vous allez dire c'est un peu scato, mon affaire. Pis ça, c't à l'échelle nationale... Mais ça doit être pareil à l'échelle internationale. Si on prend... le président des États-Unis, c'est peut-être lui, t'sé, le gars dans la classe que chaque fois qu'y avait le goût de péter, y donnait un p'tit coup avec le couvercle de son pupitre. Ça faisait prout, boum ! Pas facile à coordonner !

Ce qui est sûr, c'est que chacun de nous a déjà été un enfant. Un enfant, impuissant, les culottes pleines de marde, attendant que quelqu'un s'en rende compte. Chacun de nous a déjà attendu de l'aide comme un sinistré sur le bord d'une autoroute ou ben d'une ville bombardée.

Et même les plus puissants et les plus riches du monde sont dans l'fond des p'tits paquets d'eau et des p'tits paquets d'os pareils comme nous autres qui s'en vont bon an, mal an à l'abattoir. Mais des fois, on se demande, quand on regarde les nouvelles : « Voyons ! Quessé qui font donc ? Quessé qui font donc ? »

La Palestinienne

Je voulais changer le monde. On allait à la messe le dimanche pis, après, on mangeait du saucisson pis du pâté de foie. Moi, je me disais : « Quand je serai grande, j'irai porter du salami aux pauvres. » J'trouvais ça effrayant qu'on leur donne juste du blé, du riz, pis du lait en poudre. J'me voyais déjà en Afrique, avec mon sac de pepperettes pis de saucissons gendarme.

(*Elle chante.*) *Un pour toi, un pour toi, un pour toi, pis un pour toi aussi.*

Quand j'étais petite, à l'école, on m'appelait Italie de Rome : « Italie de Rome ! Italie de Rome ! ... Han ! Han !... » Adolescente, tout le monde me disait que je ressemblais à Anne Frank. Anne Frank... c't une écrivaine ça ?! Une fois, dans l'autobus, y'a un homme qui s'est approché de moi pis qui m'a dit :
— Tu es Palestinienne, toi !
— Non !
— Si, tu es Palestinienne, toi !
— Non ! Non ! Monsieur ! Je suis Québécoise !
— N'aie pas honte de le dire. Tu es Palestinienne, toi.
— Non ! Monsieur ! Y'a la Québécoise, y'a le Canada, pis y'a la Canadienne.
— Un jour, tu le diras, tu es Palestinienne, toi. Tu viens des territoires occupés. Tu viens des territoires occupés.

Cette nuit-là, j'ai rêvé que l'hymen, c'était toute la peau.

Igor

Nous étions capitaines
voyez, voyez ma peine
Moi, j'étais Tchécoslovaque
lui était bolchevique
Une grande passion
une grande maison
Une grande passion pour nous deux

Allez, Igor, dis-moi
si tu te souviendras de moi
quand tu auras fait la guerre
crois-tu que tu sauras me plaire ?
Crois-tu, Igor, c'est réciproque
que je pourrai encore te plaire
et m'laisser faire par un guerrier
un soldat qui n'a pas froid aux yeux
Un soldat qui a fait la guerre
ne doit pas encore être très fier
Vois-tu, Igor ? J'aime l'apolitique,
j'aime la politique
depuis que j'te connais
Vois-tu, Igor ? Moi, tu le sais, je crois
qu'il vaut mieux rester chez soi
Je te ferai des p'tits biscuits
Je te ferai du thé glacé
Reste avec moi, je te cacherai
Reste avec moi, c'est pour la vie

Igor est parti
Je comprends son idée

L'homme dans la vie est seul
au monde
L'homme dans la vie est solitaire
Il faut comprendre que sur la terre
on ne doit pas rester tous deux

Il faut rester un
Il faut rester un
Unis dans le un
Unis seuls
Unis totalitaires
Unis seuls
Unis par terre
ou dans un lit
Mais unis
Unis unis seuls

Alors, je suis seule
Je suis seule à la maison
Alors, je suis seule
Me voilà qui fais des façons

Oui, j'étais une amie, une habitude
Je comprends le chemin qu'il a pris
Il est parti pour la vie
Il est parti pour la mort, d'accord
mais d'abord pour sa solitude

Et ça, c'est très bien
Et ça, c'est très bien
Et ça va très bien

Merci

CANADA ERRANT
9 OCT. 88

un territoire peut-il tenir la place
d'un de ses sujets?

Le torticolis

Je suis née à travers trois révolutions : la Révolution tranquille,
la révolution de la télévision et la révolution… féminine.
Ça m'a marquée. Les trois m'ont marquée. T'sé, une révolution,
c'est un peu comme un torticolis : tu peux pus regarder en arrière ;
tu peux pus regarder à droite ; tu peux pus regarder à gauche ;
tu peux juste regarder en avant là, ben, ben en avant.
Ça a du bon, c'est bon, mais quand ça lâche là, tu dis :
« Voyons ! Oussé que j'étais ? Oussé que j'étais ? »

Continent noir

Mon premier spectacle, je l'ai fait avec ma mère. Je sais pas si c'était une performance, un spectacle d'interdisciplinarité ou bien si c'était pas plutôt une sorte de théâtre invisible... En tout cas, on était dans le sous-sol. Elle, elle était debout, pis a faisait l'arbre africain. Tandis que moi, assise à ses pieds, je faisais l'herbe.

L'arbre africain dodelinait de la tête et du corps, en réfléchissant sans doute, mais je sais pas à quoi. En tout cas, sa pose était parfaite. Elle me faisait juste un p'tit peu d'ombre et c'était tout ce dont j'avais besoin pour rester verte sous le soleil africain. Je sais pas si elle était consciente du rôle de l'arbre qu'elle jouait, si elle savait qu'elle jouait pendant qu'elle jouait... oui, si elle savait qu'on jouait ensemble, mais, à mes yeux, c'était une très grande comédienne. À nous deux, on n'était pas des Africaines, non, on était l'Afrique au grand complet. Le continent noir.

Mon premier choc culturel

Mon premier choc avec une culture étrangère,
je l'ai eu en mangeant des Alphabits dans la cuisine.
Mon père, dans le salon, y écoutait de la musique
japonaise de théâtre Nô :
    (*elle chante*) Yo ! Yo ! Yo ! Yo ! Yo !...
    ... J'ai vomi dans mon bol de céréales. C'était mon
premier vrai choc culturel. C'est pas que j'aimais pas
la musique, mais c'était un peu bizarre parce que, le
matin, d'habitude, on écoutait les nouvelles à la radio.

Rome

Ma Chine

DUO NATHALIE ET JEAN DEROME

Les choses sont

Les choses sont des choses
C'est la plus grande vérité
Qu'un jour mon papa m'a dit
Les choses sont des choses
Il ne faut pas, il ne faut pas
Croire qu'elles sont vivantes

Pourtant, j'ai vu toute petite
Ma télévision qui parlait
J'ai vu le tourne-disque
Tourner à vive allure
Des chansons tristes
Que ma mère écoutait
Le dimanche matin
En dansant tout doucement
Dans le salon

La dame qui chantait dans l'objet
S'appelait Barbara
Et moi, j'étais dans tous mes états
Ma maman pleure
Mon papa coupe le gazon
Avec une vieille voiture rouge
Qui ne marche pas
Qui ne marche pas
Qui ne marche pas
Qui fonctionne
Et puis s'en va

Il y a d'autres produits bizarres
Qui circulent dans la cuisine
Il y a un grand réservoir
Qui pulvérise tous les légumes

Moi, je ne sais pas à quoi tu crois
Moi, je ne sais pas ce que tu crois
Moi, je dis que
Quelqu'un m'a menti
Moi, je dis qu'il y a
Quelqu'un qui ment

Et dans ma chambre
Il y a ma grande sœur qui dit que
Dieu
Dieu est une lumière
Elle dit qu'y'a pas de commutateur
Mais qu'ça fait rien
Qu'ça fait rien puisqu'y éclaire

Et puis il y a toutes les peintures
Qui vont et viennent dans la maison
Mon père dit qu'avec la culture
Pour qu'elle progresse faut
qu'elle respire
Moi, je n'sais pas

Je ne sais ce que tu crois
Je ne sais pas à quoi tu crois
Moi je dis que
Quelqu'un m'a menti

Le Roi du Silence

On jouait au Roi du Silence le matin, à l'école, pour nous calmer sans doute. Il fallait marcher jusqu'au bureau d'la maîtresse en faisant le moins de bruit possible.

Le plus lentement possible, je pousse ma chaise vers l'arrière, je pousse mon corps vers l'avant, je me lève, je lève la jambe et je marche vers le bureau d'la maîtresse. J'ai peur, le plancher me fait peur, mes souliers me font peur, mes bras qui longent mon corps me font peur de faire du bruit et je sais aussi que je devrai revenir, retourner de nouveau mon corps vers la classe et retourner m'asseoir.

J'aime ce jeu, mais heureusement qu'on n'entend pas l'intérieur de mon corps parce que, dans ce grand silence, tout dedans dehors dévêtu, mon cœur frappe fort.

Adam et Ève

J'étais en deuxième année b. Ça faisait des jours que la question
me trottait dans la tête. J'avais tourné ma langue dans ma bouche
ben plus que sept fois, mais elle continuait de me brûler les lèvres.
La cloche du dîner a sonné. On s'est mis en rang. Je me suis mise
en rang. Pis, je suis sortie du rang, j'ai l'vé ma main droite, je l'ai
r'gardée en pleine face, pis j'y ai demandé : « Madame, est-ce qu'il
y avait un Adam et Ève dans chaque pays ? »

La carte du Québec

Ma tante a dit que tout le monde a sa carte du Québec dans la main.
« Regarde, fille, dans ta main droite, ton pouce, c'est la Gaspésie.
Entre le pouce et la main, c'est le fleuve Saint-Laurent, pis si tu suis
la ligne de vie, tu vas finir par arriver à Montréal... Si c'est là que tu
veux aller. » A dit que tout le monde a sa carte dans sa main, même
ceux qui le savent pas. « Fait que si tu te perds, regarde dans ta main,
qu'a dit, tu vas le retrouver, ton chemin. »

Qui a jamais eu peur de se perdre ? Qui a jamais eu peur de perdre
la boule ? Qui a jamais eu peur de perdre le nord ?

Ma première amie anglaise

(Elle s'assoit. Elle joue de la guitare électrique avec des bâtons de bois sous les cordes. Au bout des bâtons, il y a des têtes de marionnettes. Elle raconte.)

My first English friend, she was blond with red cheeks. We met on a campground. We were camping with all our families, in Vermont, USA. We became friends very quickly. You know... easy going, kidding around, nothing bad...

Once I had an idea, I said to her: "We should go to the forest." So, she went to ask her mother and her mother said: "Yes!" So, we went into the forest. At the beginning it was fantastic... really. We were walking along the path and we were smiling to the sky that we can watch between all the leaves of the trees. ... But suddenly, I noticed that she was no longer smiling. She was anxious, I guess. So me, I was like "Hey! Come on, there is no problem! I come here very often with my brothers and sisters. There is no problem!" But there was nothing to do. The panic was growing into her body and seeping into mine. I think she felt it cause she started to cry, yell and scream. The landscape started to turn around me and I lost the path. Y'a un proverbe juif qui dit : Ne demande jamais ton chemin à quelqu'un qui le sait parce que tu ne pourras plus te perdre... I finally found the road that I never really lost. When we came back home, she was still crying. Few days after, she and her family left and then I was really alone, I felt badly for her. I'm still wondering if she is still blond, if she still has red cheeks and if she is still afraid of French Canadians.

Œil Deuil Dieu !

(avec un accent anglais qui cherche les mots français avec délicatesse)

La nuit passée, j'ai fait le rêve. J'ai rêvé que c'était
la nuit noire et que le ciel était plein de les étoiles.
Je revenais de la musée avec mon meilleur ami,
le meilleur ami de moi. Et j'ai senti dans mon bouche
comme du sable ou de le poussière et c'était mon dent.
C'était pas le dent de l'œil, c'était une autre de les dents.
Alors, je le prends et je le donne à mon ami. Mais
les dents, c'est très important. Toutes les parties de
le bouche, c'est très importante. L'alouette est très
importante, le palais est très important et bien sûr
le langue. Mais le langue est très laide. Je l'ai vu dans
le magasin de la boucherie et je le mangerais pas le
langue. Oh ! non, moi, je le mangerais pas.

Œil Œil d'œil d'œil
Deuil Deuil Deuil Dieu !
Œil Œil d'œil d'œil
Deuil Deuil Deuil Dieu !

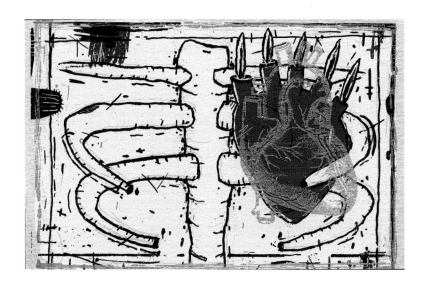

Le temps et l'espace

J'me réveille...
    En ce moment, j'attends que l'espace
    prenne sa place et le temps sa durée.
Paresseuse ?
Non... sensuelle.
Aujourd'hui,
    j'prends du temps d'antenne.
J'appelle la base.
J'me demande si le temps égale
    l'espace et que maintenant on
    n'a pus le temps pour rien...
Imagine... l'espace qui nous reste.

Ma tante Te-te :
« C'est pas compliqué la vie, c't en quat' temps :
indignation, résignation ; indignation, résignation. »

La première fois

La première fois que j'ai voté, j'habitais encore chez mes parents, pis j'ai gagné. Mes parents, eux aut', y sanglotaient debout, enlacés devant la télé, dans le salon. C'est rare qu'on voit ça, hein ? Les deux, en même temps, qui pleurent... de joie ! C'était la première fois qu'y remportaient une élection. Moi, j'me disais : « Mettre un X dans un rond, ça prend pas la tête à Papineau, me semble ! Ça paraît qu'y ont pas été élevés aux examens du ministère. »

C'est plus tard que j'ai compris que c'était pas si facile que ça de gagner... gagner sa vie, gagner la confiance, gagner le respect, pis gagner ses gageures.

Y arrive un jour où tu te mets à chialer pis à voir
le monde avec des : « oui mais, c'est sûr que,
mais... en même temps... faut voir ça...
dans le sens que... c'est intéressant c'que tu
dis mais... si on regarde l'aut' côté d'la médaille...
j'veux dire... » Hey ! Comme si à mesure que ton
corps prend des rondeurs, ton discours fait
la même chose. Toi qui avais des opinions si
tranchantes quand t'étais jeune... Toi qu'on disait
rebelle, rebelle comme un virus, comme le virus
du Nil... du nihilisme.

Madame

On m'appelle Madame, je sais, Mademoiselle, ça ne se dit plus.
Mais quand on m'appelle Madame, j'peux pas m'empêcher d'frissonner.
On m'appelle Madame : je me couche tôt, bois du citron, je ne sors plus
et, malgré tout, les plis du lit restent imprimés toute la journée.
On m'appelle Madame, jusqu'où ira la tyrannie ?

Vieillir, mais où est donc cette sagesse dont on parle tant ?
J'ai senti dans mon corps mes seize ans se cacher
et la Demoiselle me demander :
« Pardon, Madame, avez-vous l'heure ? »
Je n'ai ni l'heure ni le temps, je ne sais rien de plus qu'avant,
quelle insolence !
Je me retournai de chaque côté pour vérifier si vraiment la question
s'adressait à moi.
Personne, personne d'autre...

On m'appelle Madame, je sais, Mademoiselle, ça ne se dit plus.
Mais quand on m'appelle Madame, j'peux pas m'empêcher d'frissonner.
Je me couche tôt, bois du citron, je ne sors plus et, malgré tout,
les plis du lit restent imprimés toute la journée.
On m'appelle Madame, jusqu'où ira la tyrannie ?

Vieillir, accepter dans la joie les cheveux blancs, les pattes d'oie,
les seins tombants.
Vivement 40 ans ni derrière ni devant, que le commencement.
La vie commence à 40 ans ni derrière ni devant, que le commencement
et le Second Début...

... Avec Madame, avec Madame, avec... Madame.

Y disent que les femmes consultent plus que les hommes : les psys, les dentistes, les docteurs, les ostéos, les massothérapeutes. Moi, personnellement, j'adore ça... les salles d'attente. Parce que la collection Automne-Hiver dans les revues de l'an 2000, mon Dieu que ça calme ! Quoi de plus relaxant qu'un *Vanity Fair* défraîchi ? Enfin, quelque chose qui est passé date, mais qui est pas menaçant.

Bonne nouvelle ! J'ai lu dans une revue, c'est prouvé, que les gars aiment toutes les sortes de seins : les p'tits, les gros, les pas pareils, les mous, les durs... ça leur fait rien. Pis, pour la taille, pourvu qu'a soit plus petite que les hanches, en proportion là, même si tu as des grosses hanches, c'est correct. Le hic, c'est les jambes : plus sont longues plus t'as de chance. Pis pour les gars ? Ben des cheveux pis des épaules, le reste, on fait avec.

Philippe
(bal musette)

Un jour, Philippe me dit :
    voilà j't'amène au septième ciel.
J'te dis pas, avec lui, l'amour,
    c'est pas d'la bagatelle.

Y f'ra jamais dans la dentelle
    et pendant qu'on se dépucelle,
    j'ai qu'à sentir près d'ses aisselles,
    j'te jure qui manque pas d'sel.

Chaque jour, Philippe me veut
    et moi, je fais pas la rebelle.
En fait, je d'mande pas mieux,
    ça m'fait pousser des ailes.

Le nez dans ses bretelles
    parfumées à la citronnelle,
    j'lui dis ma p'tite sauterelle,
    tu es vraiment exceptionnel.

Au bout de quelques mois
    qu'y m'lâche pas d'une semelle,
    la maison, j'te dis pas,
    est dev'nue un vrai bordel.

La poussière s'amoncelle partout
    le linge, c'est démentiel.
Avant qu'y ait des coquerelles,
    on devrait p't-être faire la vaisselle.

V'là qu'Philippe y dételle :
    l'amour, c'est pas éternel.
Secret d'polichinelle
    ou débat universel ?

Depuis, j'ai pas d'nouvelles,
    c'est un enfer perpétuel,
    une vraie tour de Babel,
    mes amis m'ramassent à la pelle.

Morale de cette querelle,
    c'est qu'au paradis sexuel,
    on ne sort pas encore
    les poubelles !

Le camping

Moi, la nature, ça me fait
   toujours le même effet.
Ça me rend tout à fait contemplative
   et inadéquate à la survie.

À l'aventure nous étions
   dans un bateau bien trop petit.
Toi, tu ramais et moi, dans le fond,
   je faisais rien.
Je faisais rien que regarder le paysage
   et ça tombait bien parce que...
   t'étais dedans

Souffle, fais un feu, souffle, fais un vœu.
Souffle, fais un feu, souffle, fais un vœu...

T'es-tu bien ?

Dyschronie chronique

Dyschronie chronique. Dyschronie chronique.
Journée court-circuitée. Journée aphone.
Journée analphabète. Journée sourde, sourde.
Journée sourde d'une oreille.
Journée qui n'entend pas de l'autre. Pas de l'autre.
Journée pas de l'autre. Pas de l'autre.
Journée pas de l'autre. Journée sans toi. Où es-tu ?
Je répète.
Où es-tu ?
Je répète.
Où es-tu ?

J'te parle pas

j'te parle pas du riz brun collé dans l'fond du bol
j'te parle pas d'la vaisselle quand j'te parle d'la vaisselle
j'te parle pas du linge sale su' l'plancher quand j'te parle
ni du crachat jaune dans l'filtre de l'évier
du cendrier plein d'botch su' l'comptoir hey! j'te parle
des poubelles qui sortent le mercredi pas tu seules
pis d'la crasse qui s'incrisse dans l'fond du frigidaire
j'te parle de toé, pis moé, icitte, à soir, Ô Canada!

j'aime ta couleur, ta saveur, ton odeur
j'aime quand ta bouche m'baragouine su'a peau du cou
j'aime tes tourments, tes écarts, tes silences
quand tu rêves éveillé pis tes jambes sur les miennes
j't'aime encore mon amour
viens prendre l'air

j'te parle pas d'l'auréole qui fait l'tour du bain gras
j'te parle pas du rideau qui pourrit à côté
j'te parle pas d'la poussière, quand j'te parle d'la poussière
d'l'escalier pas pelleté en plein mois d'février
quand j'te parle du calcium su' l'tapis dans l'entrée
j'te parle pas du gravier qui s'promène ent' les draps
ni du rond d'poêle collé d'bord en bord à l'année
j'te parle de toé, pis moé, icitte, à soir, Ô Canada!

j'aime ta couleur, ta saveur, ton odeur
j'aime quand ta bouche m'baragouine su'a peau du cou
j'aime tes tourments, tes écarts, tes silences
quand tu rêves éveillé pis tes jambes sur les miennes
j't'aime encore mon amour
viens prendre l'air
la lune
pis la cour est pleine

Un mercredi d'avril

On a pris rendez-vous un mercredi d'avril
Tu m'as pris mes entrailles, mon esprit, pis mon cœur
Tu m'as dit « Mon amour »... J'voudrais qu'ça continue
Qu'il est cruel, le jour, dans la ville, quand tu t'en vas

On s'est r'vus l'vendredi, tu m'as prise dans tes bras
Et j'ai cru un instant qu'la joie franche de nos corps
Ça s'rait vrai pour toujours, j'ai compris par après
Qu'il est cruel, le jour, dans la ville, quand tu t'en vas

T'es parti en voyage, t'as dit qu'tu m'écrirais
Plein d'lettres en papier d'soie, qu'on s'perdrait jamais d'vue
À force de trop t'attendre, j'ai pas cru qu'tu r'viendrais
Qu'il est cruel, le jour, dans la ville, quand tu t'en vas

Tu m'as r'téléphoné un soir froid de septembre
J't'avais presque oublié tu m'as r'fait chavirer
Ché pas trop comment t'dire combien grand ça fait mal
Combien cruel le jour, dans la ville, quand tu t'en vas

Il y avait, un jour, dans ma tête, le social et le solitaire.

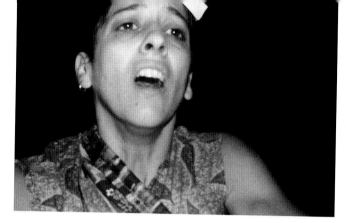

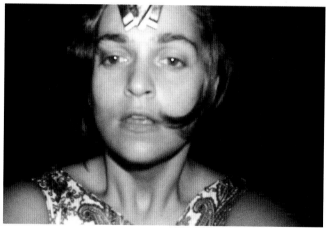

Qui n'a jamais voulu voir sa mort
et tous ses muscles déliés, enfin !
Qui n'a jamais voulu voir sa mort
et tous ses souvenirs défiler
un à un
un à un
un à un

Le voleur

L'aut' fois, y'a un voleur qui est venu chez nous. J'étais couchée. J'entends du bruit dans le salon. Ça fait que j'me lève, j'mets mes culottes de pyjama, mais mon élastique était pété. Ça fait que j't'nais mes culottes de pyjama, pis j'm'en vas dans le salon. Y'avait un gars penché sur ma télévision, j'y dis : « Hey! T'essayes-tu de voler ma télévision, toi, par hasard ? » Le gars s'lève. Un grand gars. Ah! oui, au moins grand comme ça. Ça fait que le gars me regarde, je regarde le gars, le gars me regarde, je regarde le gars, pis là... rien! Une grande minute de silence... Hey! C'est long ça, une minute de silence, ben plus long que ça. Pis là... rien. Le gars est parti. Pis je l'ai jamais r'vu. Non mais, y aurait pu la prendre, ma télé! Moi, ma télé est devenue sénile. Elle a vieilli vite, vite, vite, vite. A parle tu seule. A parle tu seule. A parle tu seule. Pis tout le monde en parle, ben moi aussi parle tu seule, d'abord. Non mais, l'as-tu vu, toi ? L'aut' jour, dans une émission, y parlait d'une émission qui parlait elle aussi d'une émission. Non mais, à qui qu'y parle ? Est-tu schizo, ma société ? A parle tu seule, a parle tu seule, a parle tu seule, moi aussi parle tu seule, d'abord. Non mais, l'as-tu vu, toi ? L'aut' jour dans une émission, une femme, al' arrive à l'animateur, a dit : « Puisque nous sommes entre nous, je vais vous dire un secret. » Non mais, à qui qu'a parle ? Est-tu schizo, ma société ? A parle tu seule, a parle tu seule, a parle tu seule, ben moi aussi, parle tu seule, d'abord. Non mais, l'as-tu vu toi l'aut' jour ? Dans une émission, un gars y arrive, y change de chemise, y s'pose une question. Y change de chemise, y se donne une réponse. Y change de chemise, y s'pose une question, y change de chemise, y s'donne une réponse... Non mais, à qui qu'y parle ? Est-tu schizo, ma société ? Y parle tu seul, parle tu seul, parle tu seul, ben moi aussi, parle tu seule, d'abord.

(Pendant cette scène, elle peint en rouge ses grands ongles postiches avec un gros pinceau, elle est accroupie sur un boulet... petite installation dans l'espace.)

On le sait pus d'nos jours. On l'sait pus quessé qui est d'la fiction pis d'la réalité, on est tout mélangé là-dedans. C'est comme moi, j'étais à l'UQAM. Ah oui, j'ai étudié là, à l'Université du Québec à Montréal, moi, pis j'ai pas honte de le dire. Toujours, je sais pas où j'avais mis ma tête, cette journée-là, mais, en tout cas, j'étais en retard à mon rendez-vous. Bon! J'étais à la bibliothèque, ben, je sais pas si c'est encore fait de même, mais dans mon temps c'tait fait comme ça. T'avais la bibliothèque dans un coin, un grand, grand corridor qui passait par la cafétéria, ensuite qui menait à la Caisse populaire pis qui s'en va jusqu'à l'infini. Moi, c'est là où je m'en allais. Toujours, je suis en retard, je suis en retard. Je mets mes p'tits dans ma sacoche pis je m'en vas dans le grand, grand corridor. Vers la Caisse populaire, je rencontre une fille qui s'en va comme ça, les bras en l'air en criant : « Aaaaah! » Moi, j'suis tellement dans ma tête, tu comprends, je suis en retard à mon rendez-vous... mais quand même, quand même, j'me retourne pis je la regarde passer. Arrivée à la Caisse populaire, c'est bizarre, y'a un attroupement. Ben oui, plein de monde, les bras en l'air, pas un mot su'a game. Y'a une madame, un monsieur, un étudiant, un p'tit garçon, un sac d'école. Moi, j'suis tellement dans ma tête, tu comprends pas à travers pis je dis : « S'cusez, s'cusez... » mais quand même, j'ai un p'tit réflexe pis je me retourne, pis je le vois : le voleur. Mais là, un vrai

voleur c'fois-là. Un gars, moi je dis, un gars dans la trentaine. En fait, je sais pas pourquoi je dis ça parce qu'il avait un bas de nylon su'a tête. Un gars, mettons dans sa trentaine, avec une chemise, une chemise à carreaux, une chemise de chasse. Ah! oui, c'était vraiment la mode dans les années quatre-vingt, et pis une carabine. Mais là, j'te parle de quelque chose d'au moins grand comme ça. Alors je regarde le gars, le gars me regarde, je regarde le gars, le gars me regarde, mais moi, je suis tellement dans ma tête parce que je suis en retard à mon rendez-vous que je continue mon p'tit bonhomme de chemin : « S'cusez s'cusez... » Mais c'est quand je suis arrivée à mon rendez-vous, je sais pas comment dire, mais on dirait que la porte, elle ne voulait plus ouvrir. C'est comme si la poignée de la porte, elle disait : « Non! » En fait, c'est comme si mon corps s'est mis à trembler et j'étais pus capable d'ouvrir la porte. Pis, c'est là que je l'ai réalisé. Je l'ai réalisé moi-même. Ah! oui, je l'ai toutte rewindé dans ma tête et je l'ai réalisé.

(Elle recommence l'histoire en accéléré.)

Moi j't'à bibliothèque... j'ai oublié mon rendez-vous... c'pas grave... j'mets mes p'tits dans ma sacoche... j'm'en vas dans le grand, grand corridor... y'a une fille qui s'en vient en sens inverse pis a crie : « Aaaaah! » ... Moi tellement dans ma tête... ça me fait rien... j'continue mon p'tit bonhomme de chemin... j'arrive à la Caisse populaire... un attroupement... plein de monde immobile... une madame... un étudiant, un sac d'école, moi tellement dans ma tête, je passe au travers pis je dis : « S'cusez, s'cusez. » Mais quand même j'ai un p'tit réflexe, pis j'me retourne pis c'est lui, un voleur, mais là, un vrai voleur... un gars, gars... bas de nylon sur la tête... chemise à carreaux... carabine... je regarde le gars, le gars me regarde, je regarde le gars, le gars me regarde... moi tellement dans ma tête... s'cusez, s'cusez... Hey! J'ai failli mourir pis j'm'en suis même pas rendu compte !!!

(Pendant ce texte, elle dessine la terre sur le boulet avec la peinture rouge et son pinceau.)

C'est comme ça d'nos jours, on est tous devenus des disciples de Popper. C'est qui ça, Popper que tu demandes ? Ben voyons, Popper c't'un philosophe. C'est-tu Popper ? Ou ben c'est pas Popper ? Si c'est pas Popper, c'est Hume. En tout cas, admettons que c'est Popper. Qu'est-ce qu'y dit Popper ? Popper, y dit : « Si tu l'as jamais rencontrée, toi, la tour Eiffel, qu'est-ce qui te dit qu'elle existe, la tour Eiffel, hein ? » Qu'est-ce qui te dit qu'elle existe, la tour Eiffel, si tu l'as jamais rencontrée, hein ? Ben, c'est ça, Popper. Pis attention, Popper nous guette. C'est comme l'aut' là, le Dalaï Lama. Bon, c'est qui ça, le Dalaï Lama ? Ça, c'est un moine au Tibet. Ben t'sé, d'habitude un moine quessé que ça fait ? Ça reste chez eux pis a prie, hein ! Mais lui, y dit : « Wo! Ça se passera pas comme ça ! » Parce que la Chine est en train d'envahir son peuple, pis sa culture. Pis son peuple, pis sa culture, est en train de disparaître. Ça se passera pas comme ça, j'vas aller le dire à tout le monde que mon peuple pis ma culture sont en train de disparaître. Alors y s'en va pis y fait le tour du monde pour dire que la Chine est en train d'envahir son peuple, pis sa culture. Pis son peuple pis sa culture sont en train de disparaître. Mais toi, tu t'en câlisses-tu dans l'fond, hein ? Si les peuples pis les animaux disparaissent, si t'les as jamais rencontrés ?

(Elle dépose ses mains sur le boulet-terre. Elle voit ses mains rougies. Elle est horrifiée. Elle chante et danse.)

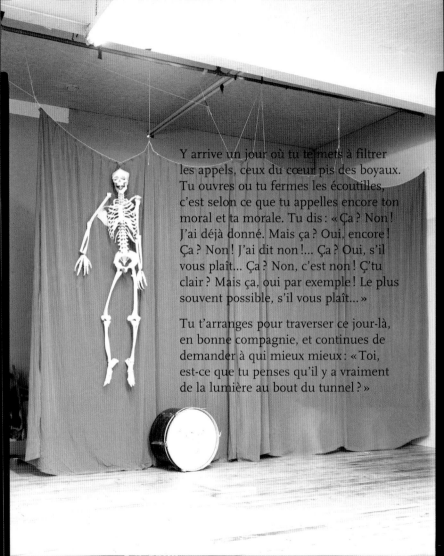

Y arrive un jour où tu te mets à filtrer les appels, ceux du cœur pis des boyaux. Tu ouvres ou tu fermes les écoutilles, c'est selon ce que tu appelles encore ton moral et ta morale. Tu dis : « Ça ? Non ! J'ai déjà donné. Mais ça ? Oui, encore ! Ça ? Non ! J'ai dit non !... Ça ? Oui, s'il vous plaît... Ça ? Non, c'est non ! Ç'tu clair ? Mais ça, oui par exemple ! Le plus souvent possible, s'il vous plaît... »

Tu t'arranges pour traverser ce jour-là, en bonne compagnie, et continues de demander à qui mieux mieux : « Toi, est-ce que tu penses qu'il y a vraiment de la lumière au bout du tunnel ? »

Cyniques sinistres

Quand la fiction passera
dans le sang entassez-nous
dans des fourgons
Prenez not' peau toute tatouée
des abat-jour dans vos salons
Et nos bassins des cendriers
pour laisser vos allées venues
Faites-nous en papier glacé
sur des couvertures
cartonnées

Cyniques-sinistres-désabusés
Toujours, ils cognent
sur la coquille fragile du sens
de l'éternel du quotidien

Recyclez-nous, faites-nous doux,
on est des machines à chialer
Le génocide est commencé,
la résistance est fatiguée
Et dans les débats d'imposteurs
nos voix sont toujours remâchées

Cyniques-sinistres-désabusés
Toujours, ils cognent
sur la coquille fragile du sens
de l'éternel du quotidien

Emmenez-nous et cuisez-nous et
répandez-nous sur le sol
Qui séparera l'bon vin d'l'ivraie
si tout s'achète et tout se tait ?
Si tout s'achète, tout se fait terre,
on reviendra

La p'tite fille-fimme-femme-femme

Hey! L'aut' fois, j'étais sur la rue Ontario, pis j'ai vu une p'tite fille, une p'tite fille-fimme-femme-femme qui se faisait tabasser par un gros z'homme-z'homme. À côté, y'avait deux femmes-femmes qui observaient la scène. Y'avait une femme-femme longue et blonde et résolument prostituée, pis une autre plus courte et ronde avec un veston pis une sacoche. Le gros z'homme-z'homme, y frappait durement la p'tite fille-fimme-femme-femme. J'me suis dit : « Ça y est, c't un pimp. » J'ai couru, j'ai couru au magasin le plus proche, le magasin d'aliments naturels. J'dis : « Hey ! Y faut appeler la police ! » La femme-femme derrière son comptoir, les deux mains dans son sac de cajous, a me dit : « Le téléphone est occupé présentement, j'peux rien faire pour toi, ma belle ! » J'dis : « OK. J'vas aller appeler au garage. » Je sors dehors la p'tite fille-fimme-femme-femme était couchée par terre, al' avait pus d'chandail, al' avait une p'tite jupette mais pas de culottes. La grande longue et blonde était rendue de l'aut' bord du trottoir, mais la courte et ronde avec son veston pis sa sacoche était penchée dessus pis a disait : « C'est pour ton bien ! — Mais j'ai rien fait ! — C'est pour ton bien ! — Mais j'ai rien fait ! » Al' avait des menottes dans le dos. Pis c'est là que j'ai compris que le gros z'homme-z'homme, ben, c'était une police, pis la courte et ronde, ben, c'était une travailleuse sociale ça doit, ça doit. J'le sais pas, vous autres, mais on dirait que c'est rendu que c'est pus jamais la faute à personne, c'est rendu que c'est :

a dit c'tu toi ? a dit qui ? a dit moi ? a dit oui ! a dit non !
a dit c'tu toi ? a dit qui ? a dit moi ? a dit oui ! a dit non ! a dit ha !...

Je sais bien que le savoir est
un cadeau qui embarrasse.
J'ai une amie allemande,
chaque fois qu'elle m'écrit,
à la fin de sa lettre, elle dit :
À bientôt, je t'embarrasse.
J'ai beau lui expliquer la
différence entre *embrasser*
et *embarrasser*, rien à faire.

Un os

Le langage est un os coincé dans une gorge qui parfois se déplace et laisse passer des mots. On les accueille, on leur sourit, on les rejette, on les oublie. On tamise une tonne de p'tites roches en espérant trouver de l'or. On naît avec le devoir d'écouter et on le prend très au sérieux. On déchiffre sur toutes les lèvres des poèmes écrits en chinois qu'on traduits au plus près du corps pour tous les infirmes du monde. On en a même perdu sa voix.

Alors, on court dans la forêt des mots. On tient dans sa main une phrase, aux contours toujours décevants. Un bouquet qui rassure, un bouquet qui excuse, qui aplatit, qui ratatine la honte, la peur et la colère. On sent dans sa bouche une langue qui se tapit entre des dents. On camoufle chaque jour des lapsus qui font cacher au lieu de cracher. On entend des mâchoires craquer. Ça se voit, ça se sait, ça se fait dire qu'on exagère. On est tout en deçà de soi avec un sourire à peu près, tout cousu, tout cousu de fil blanc.

On sait que, bientôt, il n'y aura plus de musique parce que, bientôt, y'aura plus d'air. Ça se voit, ça se sait, ça se fait dire qu'on exagère.

des mots d'la
DYNAMITE

NATHALIE DEROME
THÉÂTRE EN FORME DE FEMME

Ma tante Te-te : « Check, check, check comm' faut, fille ! Le jour ousqu'y t'restera pus rien qu'des woyelles dans yeule, fille, comme : He ! Hon ! Hein ? Ah ! Oh ! Eh ! Han !... Check comm' faut, fille, p't-être que c'te jour-là, y t'restera pus rien dans yeule. Pus d'dents, pus d'langue, pus rien pantoute... »

Des mots d'la dynamite

Des mots d'la dynamite
Des Pétawawow
Des Pétawawow
Des Saint-Simonaque
De Gériboire (bis)

quand y'a pus de mots,
c'est qu'y'a pus d'cul
y'a qu'du cul-cul du
tu m'aimes-tu ?
y'a pus d'brûlures,
y'a pus d'morsures,
fait qu'on patauge
pis on s'endure

Des mots d'la dynamite
Des Pétawawow
Des Pétawawow
Des Saint-Simonaque
De Gériboire (bis)

quand y'a pus d'troc,
c'est qu'y'a pus d'trous
pus d'sacrifices, pus d'orifices,
pus d'fesses, pus d'queues,
pus d'bosses, pus d'creux

Des mots d'la dynamite
Des Pétawawow
Des Pétawawow
Des Saint-Simonaque
De Gériboire (bis)

quand y auront tué l'artisanat,
l'fait à maison, l'sorti du corps,
le zen de la circulation,
l'hygiène mentale, l'amour oral,
j'espère qu'on sera mort mon frère,
mais en attendant...

Des mots d'la dynamite
Des Pétawawow
Des Pétawawow
Des Saint-Simonaque
De Gériboire (bis)

On est seul dans sa tête
C'est pas que l'on n'est pas bien
mais c'est un peu grand une tête
pour une personne seule (bis)

Hier, j'ai rêvé que j'étais dans le trou, en fait, j'étais morte. Mes amis me lançaient de la terre noire et fraîche sur le corps, ça sentait bon, mais j'avais un peu peur.

Anna m'a donné deux pailles, pis a m'a dit : « Respire par le nez, j'vas revenir te chercher dans trois jours. » J'ai dit : « Ah ! merci Anna !... Mais viens donc demain, me semble que c'est un peu trop long trois jours dans le noir. »

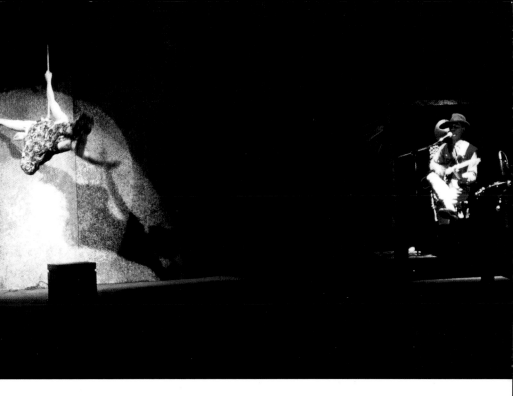

Icare

J'ai pensé à Icare, à l'histoire d'Icare, le jour où j'ai appris que chaque homme et chaque femme avaient deux labyrinthes dans la tête, un pour chaque oreille. Je me suis dit qu'Icare, c'était peut-être l'histoire de quelqu'un qui voulait tellement sortir de sa tête qu'il s'est fait des ailes avec la cire de ses oreilles et qui s'est envolé vers le soleil, mais que ses ailes ont fondu et qu'il est mort noyé dans la mer. Y'a un poète français, René Char, qui disait que « la lucidité est la blessure la plus rapprochée du soleil ». La lucidité, oui, mais pas plus que huit heures par jour, hein ? Parce qu'il faut garder du temps pour rêver.

L'autoroute des vœux pieux
(*rock*)

Qui pourrait se vanter de ne jamais prier
Un esprit ou un ange, ou même un toutou cheap
Un rocher, un verre d'eau ou une photo cochonne
Quequ' chose comme un modèle dans une ville sans chapelle

Imagerie d'Épinal dans l'orchestre pleine vitesse
Ambiance en spirales et musique atonale
Sur le LA 440, l'autoroute des vœux pieux
Prend fin prochaine sortie la fraction d'une fractale
Équilibre précaire pour nomades en transit
Dont les deux pieds sur terre attendent le repos
Le courage ent' les jambes la poitrine trémolo
Tu t'offres bouche ouverte au vent qui se soulève

Qui pourrait se vanter de ne jamais prier
Un esprit ou un ange, ou même un toutou cheap
Un rocher, un verre d'eau ou une photo cochonne
Quequ' chose comme un modèle dans une ville sans chapelle

Si ton corps est encore volute colorée
Patineuse sur l'eau d'un ruisseau qui scintille
Accepte le temps qui passe, les secondes qui s'égouttent
Et les tierces mineures des gens sans mauvaise foi
Tu gardes le tempo les os et les boyaux
Patience enracinée au sol qui t'étourdit
Et quand ça s'ra fini, naufrage sous les étoiles
Des fleurs en pardessus garderont ton nom au chaud

Qui pourrait se vanter de ne jamais prier
Un esprit ou un ange, ou même un toutou cheap
Un rocher, un verre d'eau ou une photo cochonne
Quequ' chose comme un modèle dans une ville sans chapelle

La mort de Te-te

Nat: Quand ma tante Te-te est morte, je suis allée la voir avant... j'aimais mieux y aller avant qu'après... A m'a dit:

Ma tante Te-te: «Ah! c'est toi, fille! Je l'savais qu'tu viendrais. Ma tante est contente que tu sois v'nue. Check, check, check dans mon tiroir...»

Nat: Ben voyons, ma tante!

Ma tante Te-te: «Enwoye, enwoye, fille! Check! J'aime autant qu'tu fouilles avant que... après...»

Nat: Ben voyons, ma tante!!! J'vas pas fouiller...

Ma tante Te-te: «Check, check dans mon tiroir... Hé! qu'est têtue, qu'est têtue... Tu vois-tu? À droite y'a un p'tit chapelet? Ah! pis passe-moi lé donc, tiens! J'vas p't-être en avoir de besoin... R'garde à côté, tu vois-tu? Y'a un p'tit liv' bleu. J'te l'donne! C't à toi que j'le donne. Tu f'ras c'que tu veux avec mais, en tout cas, c't à toi que j'le donne... Enwoye!... Dis merci, ma tante.» (*Elle rit.*)

Nat (*elle rit aussi*): Merci, ma tante!

Ma tante Te-te: «Bon! Là, faut que tu y ailles, fille! Va-t'en! Parce que ma tante, al' a une grosse journée d'vant elle, tu comprends ça hein, fille? Ma tante, al' a deux mots à dire au gars d'en haut... Fait que ma tante, a voudrait être tu seule. OK? Tu comprends ça, fille? Va-t'en!... »

Nat (*en aparté*): Hum! Hum! Ça fait que chus r'tournée chez nous avec le p'tit liv' bleu. J'ai ouvert le livre pis, sur la première page, c'était écrit:

(*elle chante*)
Si une image vaut mille mots, méfie-toi des images!!!

La fourmi

Et chaque fois que j'reviens
M'asseoir devant la page
Je la regarde flétrir
Comme une fleur sauvage
Couchée sur une table
J'ouvre les écoutilles

Et puis j'attends les mots
Comme un dé qu'on relance
Sur le tapis d'la chance
Je dédie mes écrits

À tous les chats errants
À la fourmi qui trime
Dans l'herbe qui s'agite

Spectacles interdisciplinaires et performances mentionnés dans le présent ouvrage.
Abréviations : auteur : **A** / accessoires : **AC** / costumes : **C** / conseiller artistique : **CA** /
création sonore : **CS** / films : **F** / lumières : **L** / musique : **M** / maquillage : **MAQ** /
mise en scène : **MS** / scénographie : **SC** / vidéo : **V**.

Un os (2007)
Performance à l'occasion du 10ᵉ anniversaire de
Planète rebelle, Maison de la culture Plateau
Mont-Royal, Montréal.
Texte : p. 69.

Les Chantillons (2005)
Performance solo ou en duo avec Frank Martel.
Dans le cadre de l'événement DSM-V+ dévidoir de
syndromes magnifiques, organisé par Folie-Culture,
à Québec, en octobre 2006.
Photos : Yvan Binet, p. 32 ; Luc Senécal, 4ᵉ de
couverture.

Zap ! le réel, fantaisie psychanalytique (2005)
Spectacle interdisciplinaire de/avec Nathalie
Derome et Gaétan Nadeau.
A : Josée Fafard / C : Yves Champagne / CA : Colette
Drouin / CS : Martin Tétreault / L : David-Perreault
Ninacs / V : Laure Ottman.
Photos : Luc Senécal, p. 11 et 51.

Les Écoutilles, cabaret de fortune (2004)
Spectacle interdisciplinaire de/avec Nathalie
Derome, Olivier Tardif, Danielle Lecourtois,
François Bernier, Nicolas Letarte et Peter James.
C : Yves Champagne / L : Louis-Pierre Trépanier /
SC : Yvon Proulx, M. Olivier Tardif et Nathalie
Derome.
Photos tirées d'images vidéo de Michel Giroux :
p. 16, 17 et 49.
Textes : p. 20, 21, 47, 48, 51, 64, 79 et 82.

Ma première classe neige (2002)
Installation et performance à la galerie Le Lobe,
Chicoutimi.
Photos : Martin Dufrasne, p. 36 et 69.

Du temps d'antennes, solo low-tech (2001)
Spectacle interdisciplinaire.
C : Yves Champagne / CA : Maryse Poulin /
CS : Bernard Grenon / L : Stéphane Ménigot /
SC : Yvon Proulx – CA pour l'adaptation jeune
public : Benoît Vermeulen.
Photos : Danielle Hébert, p. 26,27, 57, 58 et 75.
Textes : p. 31, 32, 38, 41, 45, 54, 68 et 74 (haut).

La grenouille (2000)
Performance dans le cadre de l'événement PassArt,
à Rouyn-Noranda.
Photo : Guy L'Heureux, p. 38.

Les 4 ronds sont allumés, chansons parodisiaques (1998)
Spectacle interdisciplinaire de/avec Nathalie
Derome, René Lussier et Guillaume Dostaler.
C : Gigi Perron / L : Benoît Fauteux / M : Nathalie
Derome / SC : Yvon Proulx / V : Michel Giroux.
Illustration : Gigi Perron, p. 54.
Photos : Luc Senécal, p. 20 ; Danielle Hébert, p. 52.
Textes : p. 46 et 74 (bas).

S'allumer contre le vent, poèmes sur pattes (1998)
Spectacle interdisciplinaire de/avec Nathalie
Derome et Maryse Poulin.
A : Frank Martel / L : Christian Fontaine /
M : Maryse Poulin / MAQ : Amaya Clunes /
MS : Alain Francœur / SC : Gigi Perron.
Photo : Luc Senécal, p. 25.
Illustration : Marc Leduc, sérigraphie : Simon Bossé,
p. 45.
Artefact de Marc Leduc : p. 53.

Des mots, d'la dynamite, théâtre en forme de femme (1996)
Spectacle interdisciplinaire de/avec Nathalie
Derome, accompagnée à la batterie par Drae Rival.
C et MAQ : Claudie Gagnon / CS : Nancy Tobin /
L. : Lucie Bazzo / M : Nathalie Derome /
SC : Tanya Morand.
Photos : Luc Senécal, p. 14, 65 et 68.
Illustration : Alain Reno, p. 72.
Textes : p. 15, 16, 52, 55, 65, 73 et 81.

La p'tite tombola (1995-2000)
Fête interdisciplinaire regroupant plus de quarante
artistes de différentes disciplines (cour intérieure
du Cheval Blanc, Montréal, et Holguin, Cuba).
Photos : Luc Senécal et Danielle Hébert, p. 46, 59
et 60-61.
Illustration : Anna Beaudin, p. 74.

Champs de craquias (1993)
Performance dans le cadre de l'événement
Tohu-Bohu, organisé par les Productions
SuperMémé.
M : Nathalie Derome / SC : Danielle Hébert.
Textes : p. 50 et 53.

Le voyage de Pénélope (1992)
Spectacle interdisciplinaire de/avec Marie-Stéphane
Ledoux, Danielle Lecourtois, Myriam Vignola et
Nathalie Derome.
C : Georges Lévesque / M : Claude Lamothe /
SC : Gigi Perron / V : Michel Giroux.
Photo : Danielle Hébert, p. 83.

Le retour du refoulé, théâtre perforé (1990)
C : Gigi Perron / CS : Nancy Tobin /
F : Louise Bourque, Danielle Hébert et Élaine
Tremblay / M : Luc Bonin, Frank Martel et Richard
Fortier / SC : Jean Dufresne.
Photos : Danielle Hébert, p. 10, 76, 77 et 80.
Textes : p. 23, 36, 37, 59, 62, 63, 67 et 77.
Affiche tirée de *Histoire de la chimie*, Éditions
Rencontre et ENI, 1963, Jean Corbeil, p. 9.

Du derrière de ma tête (1989)
Performance de/avec Nathalie Derome, Richard
Fortier et Frank Martel, présentée par le centre
d'artistes AXENÉO7, Hull.
Photo : Danielle Hébert, p. 53.

Performance (1989)
Présentée par la Galerie Clark.
Photos : Danielle Hébert, p. 39.

De Rome-Ma Chine (1989)
Performance présentée par Dare-Dare, à la Maison
de la culture Côte-des-Neiges.
M : Nathalie Derome et Jean Derome.
Photos : Danielle Hébert, p. 33, 34 et 64.
Textes : p. 12 et 57.

Canada Errant, performance-fleuve (1988)
De/avec Marie David, Richard Fortier, Nathalie
Gauvin, Danielle Hébert, Gaétan Nadeau, Nathalie
Derome, Marc Leduc, Benoît Bourdeau, Frank
Martel et Raymond Bertin.
C et AC : Danielle Hébert / MS : Nathalie Derome /
SC : Benoît Bourdeau.
Photos : Danielle Hébert, p. 13, 19, 21, 28, 30, 37, 48,
56 et 62 ; Pierre Vinet : p. 22.
Textes : p. 13 et 18.

Une Pelle et un Râteau (1988)
Performance dans le cadre de l'exposition *Les temps
chauds*, Musée d'art contemporain de Montréal.
C et AC : Danielle Hébert / CS : Martin Tétreault /
SC : Benoît Bourdeau.
Photos : Danielle Hébert, p. 6, 70-71 et 78.
Textes : p. 17 et 43.

La Paresse (1987)
Spectacle interdisciplinaire.
C : Danielle Hébert / M. : Nathalie Derome et Jean
Derome / SC et L : Benoît Bourdeau.
Photos : Danielle Hébert, page couverture, p. 29,
40, 42, 44, et 66.
Textes : p. 9, 10, 24, 29 et 35.
Affichette : Benoît Bourdeau, spectacle présenté à
l'Espace Go avec *Go West*, de Marie-Hélène
Montpetit, p. 11.

Merci à Gilles et Lucie Derome, Danielle Leblanc, Solange Lévesque, Planète rebelle,
Paryse Taillefer, Alain Grégoire, les jumelles Bellemare, Nadia Seraiocco, France Villeneuve,
Isabelle Boisclair, Louis-Pierre Trépanier, François Martel, Émilie Bouchard et à tous les
compagnons et compagnes de route.

**Les Productions Nathalie Derome remercient le Conseil des arts et des lettres du Québec,
le Conseil des Arts du Canada et le Conseil des arts de Montréal.**

Achevé d'imprimer
en avril 2008 sur les presses de
Transcontinental Métrolitho

Imprimé au Canada — Printed in Canada